W0084526

Leo Bormans

DER GLÜCKS-TEST

*Wie werde ich Schritt für
Schritt glücklicher?*

Aus dem Niederländischen von Linda Marie Schulhof

DUMONT

LEO BORMANS ist Journalist und Autor. Er studierte Sprach-
wissenschaften und Philosophie im belgischen Louvain. Bei
DuMont erschienen von ihm ›Glück. The World Book of Happiness‹
(2011), ›Eine Schatzkiste voll Glück. The World Box of Happiness‹
(2011), ›Liebe. The World Book of Love‹ (2013), ›Hoffnung. The World
Book of Hope‹ (2015) und ›Glück für Kinder‹ (2016).

Februar 2017
DuMont Buchverlag, Köln
Alle Rechte vorbehalten
© 2016, Lannoo Publishers
Die Originalausgabe erschien 2016 unter dem Titel
20 WEGEN NAAR GELUK
© 2017 der deutschen Ausgabe: DuMont Buchverlag, Köln
Übersetzung aus dem Niederländischen: Linda-Marie Schulhof
Lektorat: Martina Müller
Satz: Silvia Cardinal
Umschlag: Birgit Haermeyer
Druck und Verarbeitung: CPI books GmbH, Leck
Printed in Germany
ISBN 978-3-8321-6417-1

www.dumont-buchverlag.de

WILLKOMMEN

Dieses Buch ist für Sie. Es soll Ihnen Mut machen.

Ich habe mit tausenden von Menschen auf der ganzen Welt über Glück gesprochen: Jeder Mensch möchte glücklich sein. Aber was bedeutet das eigentlich genau? Das wollte ich herausfinden.

Ich fragte die Obdachlosen am Bahnhof, Professoren und Studenten an Universitäten, Menschen mit Behinderungen und junge Gefängnisinsassen, Reinigungsfrauen und Politiker, Asylbewerber und die Freiwilligen, die ihnen helfen, reiche und arme Menschen. Von Mexiko über China bis zum Libanon. Ob in Europa, Asien oder Afrika – wir Menschen haben offenbar alle ganz ähnliche Sehnsüchte und Wünsche.

Ich erfuhr, dass Glück auch eine „Wissenschaft" ist, etwas, das man studieren und erforschen kann. Wir alle können lernen, etwas glücklicher zu sein, denn das macht unsere Familie und Freunde auch glücklicher. Niemand muss glücklich sein. Aber wenn man es sein möchte, gibt es einige Dinge, die man dabei beachten kann. Und es gibt andere Dinge, die man besser nicht tun sollte, selbst dann, wenn es im Leben einmal schwierig wird.

In diesem Buch fasse ich zusammen, was wir über das Glück „wissen" und wie wir das Glück Schritt für Schritt finden können. Ich tue dies mit Worten, die jeder verstehen kann. Es sind die Worte der Menschen, die nach Glück suchen. Und es manchmal auch finden. So wie Sie und ich.

Viel Spaß!
Leo Bormans

www.leobormans.be

INHALT

Hinweis

Texte, die in einem gepunkteten Rahmen oder zwischen zwei grauen Linien stehen, enthalten einen Auftrag oder eine Übung. Es reicht nicht, die Sätze bloß zu lesen. Versuchen Sie auch umzusetzen, was dort steht. Manchmal brauchen Sie dafür etwas Zeit.

GLÜCK

In diesem Buch geht es um Glück. Aber was ist Glück?

Denken Sie an einen Moment in Ihrem Leben, in dem Sie sich glücklich gefühlt haben.

Machen Sie dann in Gedanken ein Foto von diesem Moment. Was genau ist passiert? Charakterisiert einer der folgenden vier Sätze diesen speziellen Moment?

1. Es hat nicht viel Geld gekostet.
2. Es war eine Überraschung.
3. Es sind auch andere Menschen auf Ihrem Foto zu sehen.
4. Jemand sagt etwas Nettes über Sie.

Diese Sätze sagen viel über Glück aus. Wie viele davon treffen auf Ihren Moment zu? Wir wissen, dass man Glück nicht kaufen kann. „Sachen" machen uns Menschen nicht glücklich. Was uns dagegen glücklich macht, sind die Gegenwart anderer Menschen und das Gefühl, dass sie Sie uns mögen. Auch zusammen etwas zu tun, macht glücklich.

Glück ist nicht dasselbe wie „Spaß".

Wir sind glücklich, wenn wir zufrieden sind. Wie zufrieden sind Sie? Kreuzen Sie in jeder Reihe mit den vier Feldern an, was auf Sie zutrifft: schlecht / nicht gut / gut / sehr gut.

1. Meine Gesundheit

SCHLECHT	NICHT GUT	GUT	SEHR GUT

2. Mein Kontakt zu Freunden und zur Familie

SCHLECHT	NICHT GUT	GUT	SEHR GUT

3. Meine Finanzen

SCHLECHT	NICHT GUT	GUT	SEHR GUT

4. Meine Arbeit oder das, was ich im Alltag tue

SCHLECHT	NICHT GUT	GUT	SEHR GUT

5. Meine Freiheit

SCHLECHT	NICHT GUT	GUT	SEHR GUT

Wie glücklich sind Sie mit Ihrem Leben im Allgemeinen?

Geben Sie sich dafür eine Punktzahl ..... / 10
(Die 10 steht hier für „sehr glücklich".)

Unser Glück hängt davon ab, wo wir geboren wurden. In manchen Ländern sind die Menschen glücklicher als in anderen. In welchen Ländern sind die Menschen am glücklichsten? In Island, Dänemark und der Schweiz. Deutschland steht laut einer Umfrage auf dem 16. Platz. Im Durchschnitt geben sich z. B. die Menschen in Belgien zwischen sieben und acht Punkten. In manchen Ländern geben sie sich nur zwei von zehn Punkten. Aber natürlich gibt es in jedem Land sehr glückliche und sehr unglückliche Menschen. Manchmal sind kranke Menschen sogar glücklicher als gesunde.

Warum sind die Menschen in manchen Ländern glücklicher?
Nicht, weil ständig die Sonne scheint oder sie sehr reich sind. In Mexiko sind die Menschen viel ärmer als in Frankreich, aber dennoch glücklicher. Sicher, Geld ist wichtig, aber noch viel wichtiger sind Zufriedenheit und Vertrauen. Und wichtig ist auch, ob das jeweilige Land gut für seine Bevölkerung sorgt: gute Schulen, gute Krankenhäuser, gute Arbeit usw. Geld brauchen wir für

- genügend und gesundes Essen
- einen guten Platz zum Wohnen
- Kleidung
- Schule
- Medikamente
- Verkehrsmittel
- Freizeit

Reiche Menschen sind nicht immer glücklicher. Wir brauchen genügend Geld zum Leben. Aber mehr Geld macht uns nicht automatisch glücklicher. Vielleicht wollen wir dann nämlich immer mehr davon. Oder wir werden ängstlich, dass wir es verlieren könnten, oder neidisch, wenn jemand mehr Geld hat als wir.

Menschen sind unterschiedlich. Den einen machen Sport und Tanzen glücklich. Den anderen die Stille. Ein Optimist sieht meistens das Gute in allen Dingen. Er will weiterkommen. Ein Pessimist sieht das Schlechte in allen Dingen. Er denkt häufig, dass früher alles besser war. **Optimisten sind oft glücklicher.** Sie glauben daran, dass alles gut ausgeht. Sie geben nicht auf und setzen sich ein, um ein Ziel zu erreichen. Sie tun sich dafür mit anderen zusammen. Optimisten leben länger und haben mehr Erfolg im Leben. Die gute Nachricht ist: **Optimismus kann man lernen.** Menschen können sich verändern.

Stellen Sie sich vor, dass das Glück eine Torte ist, die aus zehn Stücken besteht.

- **Fünf Stücke stehen fest.** An ihnen können wir nicht viel ändern. Wir bekommen sie von unseren Eltern und Großeltern zugeteilt. Es gibt Familien, die sich ständig beklagen, und welche, die häufig lachen.
- **Ein Stück der Torte hängt von den Umständen ab:** Haus, Arbeit, Geld, Gesundheit ... Diese Dinge spielen auch eine Rolle, aber keine große.
- **Dann bleiben noch vier Stücke übrig.** Sie stehen für die Art und Weise, wie wir Dinge beurteilen. Und für das, was wir unternehmen, um glücklicher zu werden.

Diese vier Stücke der Torte „backen" wir selbst.

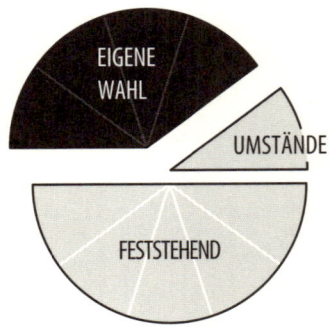

Worauf achten Sie mehr: auf das, was Sie glücklich macht, oder auf das, was Sie traurig macht? Was könnten Sie tun, um etwas glücklicher zu leben?

Markieren Sie die folgenden Sätze mit –, + oder !

– = Das kann ich noch nicht gut.

+ = Das kann ich schon gut.

! = Das könnte ich noch besser machen.

- Ich versuche, gesund zu leben.
- Ich schenke meiner Familie und meinen Freunden Aufmerksamkeit.
- Ich traue mich, über meine Gefühle zu sprechen.
- Ich schaue vor allem auf das Gute und Positive.
- Ich kann die kleinen Freuden genießen.
- Ich setze mir Ziele.
- Ich versuche, mit anderen zu teilen.
- Ich möchte dazulernen.
- Ich gebe nicht so schnell auf.
- Ich kann fröhlich sein und lachen.
- Ich bin freundlich.
- Ich helfe anderen.
- Ich bin aktiv.
- Ich bin froh, dass ich lebe.

Das Leben ist nicht jeden Tag ein Fest. Jeder Mensch hat seine Sorgen und Probleme, kennt Schmerzen und Kummer. Aber man kann versuchen, auf die positiven Dinge zu schauen. Auch wenn es manchmal nicht sehr viele davon zu geben scheint, kann man dennoch welche finden. Wir können selbst dafür sorgen, etwas glücklicher zu sein. Und dadurch werden die Menschen in unserer Umgebung auch ein bisschen glücklicher. Darum geht es in diesem Buch.

Ich habe **100 Professoren aus 50 Ländern** gefragt, was uns glücklicher macht. Sie haben das an tausenden von Menschen in der ganzen Welt erforscht. Die Universität in Leuven in den Niederlanden hat bei 7.000 Menschen untersucht, ob es sie glücklicher macht, wenn sie jeden Tag kleine positive Dinge tun. Das Ergebnis: Genauso war es. Aktivität hat mehr Positives bewirkt, als irgendwelche Tabletten zu nehmen, mit denen man sich besser fühlt.

Man kann dieses Buch einfach von vorn bis hinten durchlesen, aber dadurch wird man nicht glücklicher. Man kann auch ein Buch über Diäten lesen. Nur verliert man dadurch noch nicht an Gewicht. **Man muss aktiv werden.** So wie man sein Essverhalten verändern muss, wenn man abnehmen will, muss man, um ein wenig glücklicher zu werden, seine Art zu leben verändern. Darum findet man zu Beginn jedes Kapitels zwei Zitate zum Nachdenken. Dann folgt eine Aufgabe, die man erledigen sollte. Diese zwei Sachen sind wichtig: Nachdenken und Tun. Viel Glück!

TIPP:

Lesen Sie dieses Buch nicht in einem Zug durch. Am besten ist es, **jede Woche ein Kapitel zu lesen,** insgesamt sind es 20. Denken Sie darüber nach, was Sie gelesen haben, und sprechen Sie mit anderen darüber. Was bedeutet das Gelesene für Sie? Jedes Kapitel endet mit sieben Übungen. Erledigen Sie täglich eine davon. Vielleicht zusammen mit anderen. Dann geht es Schritt für Schritt voran. Nach 20 Wochen werden Sie bemerken, dass Sie etwas glücklicher geworden sind. Sie werden das Leben positiver sehen. Das ist schön – für Sie selbst, für Ihre Familie und Freunde.

1.
HABEN SIE KEINE ANGST

Hannah (28): „Ich dachte, ich sei glücklich. Bis mein Freund abgehauen ist. **Ich habe viel geweint.** Jetzt will ich keine anderen Männer mehr treffen. Glück ist nichts für mich. Es ist eine Vase, die nur allzu leicht zerbricht."

Karel (63): „Ich habe viel erlebt in meinem Leben. Manchmal bin ich sehr traurig gewesen. Aber ich versuche, immer auch die guten Seiten zu sehen. **Ich habe keine Angst.** Im Leben geht es auf und ab. Es gibt viel Positives im Leben. Ich versuche, vor allem darauf zu achten."

In welcher der beiden Aussagen können Sie sich eher wiedererkennen? In Hannahs oder in Karels?

Wovor haben Sie manchmal Angst?

Manchmal denken wir, dass glücklichen Menschen nur positive Dinge widerfahren und unglücklichen nur negative. Aber das stimmt nicht. **Für glückliche Menschen wiegen positive Dinge nur doppelt so schwer wie negative.** Unglückliche Menschen denken, dass negative Dinge doppelt so schwer wiegen.

Stimmen Sie folgenden Sätzen zu?

Vergeben Sie 3 Punkte, wenn Sie voll zustimmen,

2 Punkte, wenn Sie teilweise zustimmen, und

0 Punkte, wenn Sie überhaupt nicht zustimmen.

1. Wenn ich mich gut fühle, hält das meist nicht lange an.
2. Ich habe das Gefühl, dass ich es verdiene, glücklich zu sein.
3. Wenn man glücklich ist, geht sofort wieder etwas schief.
4. Ich fühle mich nicht wohl, wenn es mir gut geht.
5. Ich habe Angst davor, mich glücklich zu fühlen.

0 BIS 4 PUNKTE

Sie wissen, dass Sie glücklich sein dürfen. Sie mögen es, glücklich zu sein. Sie fühlen sich gerne gut. Sehr gut!

5 BIS 9 PUNKTE

Manchmal denken Sie, dass Sie nicht glücklich sein dürfen. Sie glauben, dass Glück Unglück anzieht. Sie haben Angst davor, glücklich oder froh zu sein. Manchmal zweifeln Sie. Aber Sie dürfen glücklich sein. Sie dürfen stolz sein. Und ab und zu etwas mehr lachen.

10 BIS 15 PUNKTE

Sie machen es sich nicht leicht. Sie denken, dass Sie nicht glücklich sein dürfen, und meinen, dass Sie nicht froh sein können. Aber das können Sie. Wir können unsere Gedanken verändern. Jeder kann versuchen, ab und an froh und glücklich zu sein.

**Nehmen Sie sich diese Woche jeden Tag eine der unten-
stehenden Übungen vor.**
Welche haben Sie besonders gut umsetzen können?
Wie könnten Sie dafür sorgen, diese Dinge öfter zu tun?

1. Schreiben Sie drei Dinge auf, die Sie froh machen.
2. Hören Sie Musik, die Sie gerne mögen.
3. Überlegen Sie sich zu allen negativen auch positive Dinge.
4. Lächeln Sie heute viel öfter als sonst.
5. Grüßen Sie mehr Menschen als sonst.
6. Tun Sie etwas, das Ihnen gefällt.
7. Tun Sie für jemanden etwas, das ihr oder ihm gefällt.

Erwin (48)

„Jede Medaille
hat zwei Seiten.
Ich versuche,
die positive Seite
zu sehen."

Kreuzen Sie den Satz an, der am besten zu Ihnen passt:

☐ Es wird schwierig sein, ein bisschen glücklicher zu werden. **Aber ich werde mein Bestes geben.**

☐ Ich will glücklich sein. **Und ich möchte etwas tun, um
andere Menschen glücklicher zu machen.**

☐ Ich werde . . . .

. . . .

. . . .

(Vollenden Sie den Satz. Verwenden Sie dabei das Wort
„Glück" oder „glücklich".)

2.
SEHEN SIE DER ZUKUNFT POSITIV ENTGEGEN

Sven (19): „Ich habe nicht so viel Geld wie andere Leute. Ich gehe nicht mehr in die Schule, habe aber auch keine Arbeit gefunden. **Wie soll ich so etwas für die Zukunft aufbauen?** Ich glaube nicht, dass ich jemals glücklich sein werde."

Tatiana (33): „Früher hatte ich viele Freundinnen. Aber nun sind wir alle zu beschäftigt. Ich stehe ganz allein da, mit drei Kindern. Manchmal mache ich mir Sorgen um ihre Zukunft. **Aber ich werde den Mut nicht aufgeben.** Niemals!"

In welcher der beiden Aussagen können Sie sich eher wiedererkennen? In Svens oder in Tatianas?

Wie sehen Sie der Zukunft entgegen?

Manche Menschen behaupten, dass früher alles besser gewesen sei. Sie haben Angst vor der Zukunft. Es ist gut, sich Fragen zu stellen und wir können der Zukunft positiv oder negativ entgegensehen. Aber **hoffnungsvolle Menschen sind glücklicher.** Bei jedem Problem suchen sie einen Weg, um es zu lösen. Sie werden nach einer Krankheit schneller wieder gesund, sind besser in der Schule, leistungsfähiger im Job – und leben länger.

Stimmen Sie folgenden Sätzen zu?

Vergeben Sie 3 Punkte, wenn Sie voll zustimmen,
2 Punkte, wenn Sie teilweise zustimmen, und
0 Punkte, wenn Sie überhaupt nicht zustimmen.

1. Ich denke, dass mein Leben gut verlaufen wird.
2. Ich fühle mich stark genug für die Zukunft.
3. Ich werde noch viele positive Dinge erleben.
4. Ich mache Pläne für mein Leben.
5. Ich habe einen Traum, den ich umsetzen will.

10 BIS 15 PUNKTE

Sie stehen dem Leben hoffnungsvoll gegenüber. Sie trauen
sich, an die Zukunft zu denken. Es wird alles gut werden in
Ihrem Leben und dafür setzen Sie sich auch ein. Sehr gut!

5 BIS 9 PUNKTE

Manchmal fragen Sie sich, ob alles gut werden wird. Das ist
gut. Aber lassen Sie sich von diesen Fragen nicht lähmen. Mit
einer hoffnungsvollen Einstellung ist man erfolgreicher. Was
können Sie gut? Machen Sie damit etwas!

0 BIS 4 PUNKTE

Sie haben es schwer, denn Sie stehen der Zukunft negativ ge-
genüber. Aber vielleicht passiert etwas Positives. Was können
Sie selbst tun, um die Zukunft besser zu machen? Wer kann
Ihnen dabei helfen?

Nehmen Sie sich diese Woche jeden Tag eine der untenstehenden Übungen vor.
Welche haben Sie besonders gut umsetzen können?
Wie könnten Sie dafür sorgen, diese Dinge öfter zu tun?

1. Lassen Sie sich nicht von Nörglern mitreißen. Suchen Sie die Nähe von positiven Menschen.
2. Schlucken Sie Kritik und negative Gedanken hinunter.
3. Sagen Sie als Erstes etwas Positives, wenn Sie mit anderen sprechen. Diese Menschen werden sich dann noch mehr freuen, Sie zu sehen.
4. Zeichnen Sie eine Wolke, die symbolisch für Ihren Traum steht. Zeichnen Sie dann eine Leiter, die zu dieser Wolke führt. Welche Schritte müssen Sie unternehmen, um die Wolke zu erreichen?
5. Machen Sie Ihre Probleme nicht größer, sondern kleiner. Und helfen Sie anderen, das auch so zu machen.
6. Erfreuen Sie sich länger an positiven Erfahrungen. Vergessen Sie sie nicht so schnell.
7. Was haben Sie im Leben noch vor? Teilen Sie Ihren Plan in Etappen ein und machen Sie kleine Schritte in die richtige Richtung.

Eliane (41)

„Ich habe einen Traum. Aber ich bin keine Träumerin."

Kreuzen Sie den Satz an, der am besten zu Ihnen passt:

▨ Ich weiß, dass es Probleme gibt. **Aber ich möchte der Zukunft positiv entgegensehen.** Ich weiß, was ich will. Und dafür werde ich mich einsetzen.

▨ Es ist leicht, alles zu kritisieren oder den Mut zu verlieren. Aber alles wird gut werden. **Ich werde den Mut nicht verlieren.**

▨ Ich werde . . . .

(Vollenden Sie den Satz. Verwenden Sie dabei das Wort „Zukunft".)

3.
HALTEN SIE IHREN KÖRPER GESUND

Bert (54): „Ich weiß, dass ich viel zu dick bin. **Der Arzt sagt, dass ich darauf achten muss, was ich esse,** und dass ich mich mehr bewegen soll. Ich schaue mir zwar Sport im Fernsehen an, aber ich selbst bin kein Sportler. Ich trinke gerne mal ein Bier und habe keine Lust, mein Leben lang nur Möhren und Salat zu essen."

Elise (39): „Ich bin es zweimal angegangen. Erst habe ich sofort wieder aufgegeben. Aber **jetzt kann ich locker fünf Kilometer am Stück laufen.** Ich laufe zusammen mit einer Freundin. Ich fühle mich gut, wenn ich fit bin."

In welcher der beiden Aussagen können Sie sich eher wiedererkennen? In Berts oder in Elises?

Was machen Sie, um Ihren Körper fit zu halten?

Es ist eine alte Weisheit: **ein gesunder Geist in einem gesunden Körper.** Es ist leicht, schnell ein paar Süßigkeiten, einen Hamburger oder abends beim Fernsehen Chips zu essen. Aber wer sich mehr bewegt und sich gesund ernährt, fühlt sich wohler in seiner Haut. Wir können uns gegenseitig ermutigen und helfen, gesünder zu leben. Dann leben wir länger und glücklicher.

Stimmen Sie folgenden Sätzen zu?

Vergeben Sie 3 Punkte, wenn Sie voll zustimmen,
2 Punkte, wenn Sie teilweise zustimmen, und
0 Punkte, wenn Sie überhaupt nicht zustimmen.

1. Ich bewege mich viel. Ich mache oft Sport.
2. Ich esse meistens gesund, viel Gemüse und Obst.
3. Ich rauche nicht. Ich trinke wenig oder keinen Alkohol.
4. Ich nehme mir regelmäßig Zeit, um mich zu
   entspannen. Ich schlafe genug.
5. Ich wiege nicht zu viel.

10 BIS 15 PUNKTE

Sie wissen, was gut für Sie ist. Sie bemühen sich jeden Tag,
gesund zu leben. Dadurch fühlen Sie sich wohl in Ihrer
Haut. Bleiben Sie dabei. Ermutigen Sie auch andere dazu,
gesund zu leben!

5 BIS 9 PUNKTE

Die Versuchung ist groß: Fernsehen, Computer, Zigaretten,
Alkohol, fettiges und salziges Essen ... Überlegen Sie, was Sie
in Zukunft tun können, um gesünder zu leben. Tun Sie sich
mit anderen zusammen. Dann fällt vieles leichter.

0 BIS 4 PUNKTE

Sie wissen es selbst. Sie leben ungesund und fühlen sich
damit nicht wohl. Aber Sie schieben jede Entscheidung
auf. Das muss anders werden. Welche Menschen können
Ihnen dabei helfen, gesünder und aktiver zu leben?

**Nehmen Sie sich diese Woche jeden Tag eine der unten-
stehenden Übungen vor.**
Welche haben Sie besonders gut umsetzen können?
Wie könnten Sie dafür sorgen, diese Dinge öfter zu tun?

1. Bewegen Sie sich häufiger. Versuchen Sie, die Zeit, die Sie
   normalerweise für Bewegung nutzen, zu verdoppeln.
2. Unternehmen Sie eine ausgedehnte Wanderung.
   Treiben Sie Sport.
3. Rauchen Sie weniger und/oder trinken Sie weniger
   Alkohol.
4. Frühstücken Sie gesund. Trinken Sie mehr Wasser.
5. Essen Sie weniger Süßigkeiten und mehr Obst und Gemüse.
6. Nehmen Sie sich Zeit, um zu entspannen. Ruhig Blut.
7. Verschieben Sie den Besuch beim Hausarzt, Augenarzt,
   Zahnarzt … nicht länger.

Josef (83)

„Ich habe immer gèsund
gelebt. Ich bin froh, dass
ich noch jede Woche
schwimmen gehen kann."

Kreuzen Sie den Satz an, der am besten zu Ihnen passt:

- **Es ist anstrengend, jeden Tag all die gesunden Dinge zu tun.** Aber von nun an werde ich Schritt für Schritt in die richtige Richtung gehen.

- Mein Körper ist mir wichtig. Ich sorge gut für ihn. **Ich möchte solange wie möglich gesund bleiben.** Darauf achte ich jeden Tag.

- Ich werde ....

  ....

(Vollenden Sie den Satz. Verwenden Sie dabei das Wort „gesund".)

4.
RESPEKTIEREN SIE SICH SELBST

Matthias (52): „Ich fühle mich immer dümmer als alle anderen. **Wenn ich mit etwas anfange, misslingt es sowieso.** Ich habe schon viele Diäten gemacht, aber ich bleibe dick. In den Spiegel schauen? Nichts für mich."

Silvia (39): „Was andere über mich denken, interessiert mich nicht. Und ich urteile auch nicht über andere. **Jeder ist anders. Ich bin ich.** Ich verändere mich ständig, aber ich fühle mich wohl in meiner Haut."

In welcher der beiden Aussagen können Sie sich eher wiedererkennen? In Matthias´ oder in Silvias?

Nennen Sie zwei Ihrer guten Eigenschaften.

Manche Leute verhalten sich ähnlich wie eine Satellitenschüssel: Sie fangen alles auf, was andere über sie denken. Sie drehen sich in alle Richtungen und vergessen, wer sie sind. Sie fühlen sich minderwertig. **Glückliche Menschen fühlen sich wohl in ihrer Haut.** Sie sind, wie sie sind. Sie respektieren andere wie sich selbst und benutzen ihre guten Eigenschaften, um vorwärtszukommen.

Stimmen Sie folgenden Sätzen zu?

Vergeben Sie 3 Punkte, wenn Sie voll zustimmen,
2 Punkte, wenn Sie teilweise zustimmen, und
0 Punkte, wenn Sie überhaupt nicht zustimmen.

1. Ich schäme mich für meine Eltern und Großeltern.
2. Ich vergleiche mich oft mit anderen.
3. Ich fühle mich minderwertig.
4. Ich kann nicht viel.
5. Ich traue mich nicht, in den Spiegel zu schauen.

10 BIS 15 PUNKTE

Es wird Zeit, dass Sie lernen, sich selbst zu lieben. Sie sind ein toller Mensch, mit positiven und negativen Eigenschaften. Schauen Sie mehr auf die positiven Attribute. Vergleichen Sie sich nicht mit anderen. Wie können Sie Schritt für Schritt wachsen?

5 BIS 9 PUNKTE

Sie meinen, dass andere immer alles besser können. Das stimmt aber nicht. Beschäftigen Sie sich weniger damit, was andere denken oder tun. Sie haben viele Qualitäten. Nutzen Sie sie. Seien Sie stolz auf sich. Was könnten Sie besser machen? Wie könnten Sie das angehen?

0 BIS 4 PUNKTE

Toll. Sie achten auf andere und wissen gleichzeitig, was Sie selbst wert sind. Sie sind stolz auf Ihre Herkunft und fühlen sich wohl in Ihrer Haut. Wer könnte Ihnen dabei helfen, noch mehr Selbstrespekt zu erlangen? Wie werden Sie das angehen?

**Nehmen Sie sich diese Woche jeden Tag eine der unten-
stehenden Übungen vor.**
Welche haben Sie besonders gut umsetzen können?
Wie könnten Sie dafür sorgen, diese Dinge öfter zu tun?

1. „Tratschen" Sie nur über Positives. Sagen Sie ausschließlich
    Gutes über andere.
2. Zeichnen Sie den Stammbaum Ihrer Familie. Nennen Sie
    von jedem Familienmitglied eine gute Eigenschaft.
3. Denken Sie oft, dass andere besser sind als Sie? Hören Sie
    auf, sich mit ihnen zu vergleichen.
4. Wer hat großen negativen Einfluss auf Sie? Wie könnten
    Sie dieser Person aus dem Weg gehen?
5. Zählen Sie jemandem drei seiner guten Eigenschaften auf.
    Fragen Sie die Person umgekehrt auch nach Ihren posi-
    tiven Eigenschaften.
6. Vollenden Sie folgenden Satz: „Ich mag mich, weil …"
7. Was brauchen Sie, um sich gut zu fühlen? Sorgen Sie
    dafür, dass Sie dies bekommen.

Tamara (29)

„Ich möchte, dass andere mich respektieren. Dafür muss ich mich als Erstes
selbst respektieren. Ich versuche, mir
selbst eine gute Freundin zu sein."

Kreuzen Sie den Satz an, der am besten zu Ihnen passt:

☐ Ich fühle mich wie ein Baum, stark und mit tiefen Wurzeln. Ich wachse jeden Tag ein kleines Stück.

☐ Ich bin nicht neidisch auf andere. Ich bin, wie ich bin. Dank meiner guten Eigenschaften komme ich voran.

☐ Ich werde ....

....

....

(Vollenden Sie den Satz. Verwenden Sie dabei das Wort „Respekt".)

5.
HÖREN SIE AUFMERKSAM ZU

Bernd (67): „Meine Frau ist gestorben. Sie hatte Krebs. Wir haben viel miteinander gesprochen. Nun ist niemand mehr da, mit dem ich reden könnte. Alle sind immerzu beschäftigt. **Wer hat noch Zeit für ein gutes Gespräch?"**

Lena (48): „Früher habe ich mehr geredet. Ich wollte immer das letzte Wort haben. Nun habe ich gelernt zuzuhören. Das kann ich gut. **Manchmal braucht man kaum etwas zu sagen. Man versteht sich auch ohne viele Worte."**

In welcher der beiden Aussagen können Sie sich eher wiedererkennen? In Bernds oder in Lenas?

Wer hört Ihnen wirklich zu?
Und wem hören Sie aufmerksam zu?

„Wie geht es dir?" Viele Menschen erwarten keine ehrliche Antwort auf diese Frage. Aber es ist schön, wenn sich jemand für Sie Zeit nimmt, Sie nicht unterbricht und auch einmal mit Ihnen schweigen kann. Es ist schön, wenn jemand versucht, Sie zu verstehen, und mitfühlt. Wir denken schnell, dass wir gut zuhören können. Aber ist das wirklich so? Es ist schwieriger, als man denkt. **Sich Zeit füreinander zu nehmen, macht uns glücklich.**

Stimmen Sie folgenden Sätzen zu?

Vergeben Sie 3 Punkte, wenn Sie voll zustimmen,
2 Punkte, wenn Sie teilweise zustimmen, und
0 Punkte, wenn Sie überhaupt nicht zustimmen.

1. Ich achte nicht auf Äußerlichkeiten. Ich schaue auf die inneren Werte.
2. Menschen sagen mir gerne, wie sie sich fühlen.
3. Ich lasse die Leute aussprechen und unterbreche sie nicht.
4. Ich versuche zu verstehen, warum sich Menschen so oder so fühlen.
5. Ich ermutige andere Menschen.

10 BIS 15 PUNKTE

Sie sind ein aktiver Zuhörer und nehmen sich Zeit für andere. Sie haben Verständnis und erteilen nicht sofort Ratschläge. Darum sprechen die Menschen gerne mit Ihnen.

5 BIS 9 PUNKTE

Sie möchten vor allem Probleme lösen – je schneller, desto besser. Das ist nicht notwendig. Lernen Sie, aufmerksamer zuzuhören und zu fühlen, was andere fühlen.

0 BIS 4 PUNKTE

Sie möchten in erster Linie Ihre eigene Geschichte erzählen. Sie könnten lernen, aufmerksamer zuzuhören. Geben Sie anderen Menschen Zeit. Dann werden sie Ihnen auch mehr vertrauen.

Nehmen Sie sich diese Woche jeden Tag eine der untenstehenden Übungen vor.
Welche haben Sie besonders gut umsetzen können?
Wie könnten Sie dafür sorgen, diese Dinge öfter zu tun?

1. Wiederholen Sie die Sätze anderer. Fragen Sie nach, ob Sie sie richtig verstanden haben.
2. Beginnen Sie weniger Sätze mit „Ich".
3. Lassen Sie andere Menschen aussprechen. Hören Sie ihnen gut zu. Unterbrechen Sie sie nicht.
4. Äußern Sie nicht sofort Ihre Meinung, ein Urteil oder Ratschläge. Hören Sie vor allem zu.
5. Verabreden Sie sich mit jemandem, der Ihnen meist aufmerksam zuhört. Wie macht er oder sie das?
6. Sagen Sie nicht sofort: „Das kenne ich" oder „Das habe ich auch schon mal erlebt".
7. Wer könnte Ihre Unterstützung gut gebrauchen? Hören Sie aufmerksam zu.

Henk (41)

„Reden ist Silber. Zuhören ist Gold."

Kreuzen Sie den Satz an, der am besten zu Ihnen passt:

▢ **Ich versuche, mit anderen Menschen mitzufühlen.**
Es ist, als würde ich an ihrer Stelle stehen.

▢ **Jeder Mensch hat seine eigene Geschichte.** Ich finde
es schön, dieser Geschichte zuzuhören.

▢ Ich werde ....

....

....

(Vollenden Sie den Satz. Verwenden Sie dabei das Wort
„zuhören".)

6.
LACHEN SIE

Elisa (36): „Am Sonntag saß eine Jugendgruppe mit mir im Zug. Sie hat die ganze Zeit gescherzt und gelacht. Ich kann das nicht gut ertragen. Ich habe immer das Gefühl, ausgelacht zu werden. **Die Welt ist nicht zum Lachen da."**

Tom (45): „Ein Freund rief mich an, weil seine Frau sich scheiden lassen will. Wir sind dann zusammen etwas trinken gegangen. Seine Geschichte war traurig. **Aber manchmal haben wir auch gelacht.**"

**In welcher der beiden Aussagen können
Sie sich eher wiedererkennen?
In Elisas oder in Toms?**

Wann haben Sie das letzte Mal so richtig gelacht?

Ein Mann fällt von einer Leiter. Ein Kind bekommt eine Torte ins Gesicht geworfen. Jemand fährt geradewegs auf einen Abgrund zu. Manche Menschen finden das zum Lachen. Wir werden aber nicht glücklich davon, wenn wir über das Pech anderer lachen. **Besser ist es, einfach freundlich zu sein.** Zu lächeln. Etwas Positives zu erzählen. Fröhlich zu sein, ohne jemandem weh zu tun.

Stimmen Sie folgenden Sätzen zu?

Vergeben Sie 3 Punkte, wenn Sie voll zustimmen,
2 Punkte, wenn Sie teilweise zustimmen, und
0 Punkte, wenn Sie überhaupt nicht zustimmen.

1. Kinder finden mich meistens nett.
2. Ich spiele gerne.
3. Ich erzähle manchmal lustige Dinge.
4. Ich bin meistens freundlich.
5. Ich lache oft.

10 BIS 15 PUNKTE

Sie sind ein fröhlicher Mensch. Die Menschen sind gerne mit Ihnen zusammen. Auf diese Art bringt man Menschen zusammen. So wird das Leben für jeden angenehmer. Machen Sie so weiter!

5 BIS 9 PUNKTE

Es ist nicht immer leicht, fröhlich zu sein. Versuchen Sie, etwas häufiger zu lachen. Einfach über die kleinen Dinge im Leben. Wo ist das Kind in Ihnen?

0 BIS 4 PUNKTE

Sie finden Humor anstrengend. Sie sind oft allein. Suchen Sie Kontakt zu anderen. Machen Sie es sich schön. Finden Sie jeden Tag etwas, das Sie fröhlich macht.

**Nehmen Sie sich diese Woche jeden Tag eine der unten-
stehenden Übungen vor.**
Welche haben Sie besonders gut umsetzen können?
Wie könnten Sie dafür sorgen, diese Dinge öfter zu tun?

1. Schauen Sie sich einen lustigen Film an.
2. Welche Musik macht Sie froh? Hören Sie sie an.
3. Spielen Sie mit Kindern.
4. Wollen Sie etwas Lustiges machen? Füllen Sie Steinchen
    in ein Glas. Wie schnell ist es voll?
5. Lächeln Sie anderen zu.
6. Hüpfen, springen, tanzen und bewegen Sie sich, lachen
    Sie.
7. Kränken Sie niemanden. Lachen Sie niemanden aus.
    Sagen Sie etwas Positives.

Fernanda (92)

„Nach jedem Kummer
lernt man, doch wieder
zu lachen. Sonst wäre
ich schon längst tot."

Kreuzen Sie den Satz an, der am besten zu Ihnen passt:

- **Ein Lächeln kostet nichts.** Ich beginne meinen Tag damit. Und abends zwinkere ich mir im Spiegel noch einmal selbst zu.
- **Jeder hört gern lustige Geschichten.** Ab und an mit anderen zu lachen, tut mir gut. Wenn jemand anfängt, sich zu beschweren, versuche ich, etwas Positives zu sagen.
- Ich werde . . . .

  . . . .

  . . . .

  (Vollenden Sie den Satz. Verwenden Sie dabei das Wort „lachen".)

7.
ÖFFNEN SIE SICH

Rob (41): „Anderen Menschen sollte man nicht vertrauen. Sie meinen es nie gut mit einem. **Ich öffne meine Tür nicht mehr.** Ich habe das alles schon lange durchschaut. Mir kann niemand mehr etwas vormachen. Am Ende steht man doch allein da."

Natasha (19): „Im Zug rede ich oft mit anderen Menschen. In meiner Jugendgruppe habe ich viele Freunde. Wir sind immer füreinander da. **Ich mag Abenteuer.** Demnächst werde ich mich für den Kurs „Kreatives Denken" anmelden, obwohl ich gar nicht so genau weiß, was das ist."

In welcher der beiden Aussagen können Sie sich eher wiedererkennen? In Robs oder in Natashas?

Wie gehen Sie mit anderen Menschen um?

Neue Dinge und neue Menschen. Das schreckt so manch einen ab. Dabei können wir viel lernen, wenn wir offen sind für Neues. Alles verändert sich. Wir auch. Wer sich gegenüber anderen Menschen und neuen Ideen verschließt, wird nicht glücklich. Trauen Sie sich, neue Dinge auszuprobieren. Sprechen Sie mit anderen, auch über Ihre Gefühle. Besuchen Sie einen Kurs oder machen Sie eine Ausbildung. Öffnen Sie lieber eine Tür, als eine zu schließen.

Stimmen Sie folgenden Sätzen zu?

Vergeben Sie 3 Punkte, wenn Sie voll zustimmen,
2 Punkte, wenn Sie teilweise zustimmen, und
0 Punkte, wenn Sie überhaupt nicht zustimmen.

1. In der Gegenwart fremder Menschen schweige ich meistens.
2. Bei mir gibt es nur schwarz oder weiß. Und nichts dazwischen.
3. Ich werde mich nicht ändern.
4. Ich weiß ganz genau, wie die Welt funktioniert.
5. Ich bin am liebsten allein.

0 BIS 5 PUNKTE

Es läuft gut bei Ihnen. Sie knüpfen schnell Kontakte. Sie wissen, dass Sie noch viel dazulernen können. Sie schenken der Meinung anderer Beachtung. Sie möchten wachsen. Schön, dass Sie ein so offener Mensch sind!

6 BIS 10 PUNKTE

Sie sind sich nicht sicher, wann Sie „offen" und wann „verschlossen" sein sollten. Sie wissen, dass es wichtig ist, neue Menschen und Dinge kennenzulernen, aber es fällt Ihnen nicht immer leicht. Suchen Sie sich jemanden, mit dem Sie die Welt zusammen erkunden können.

11 BIS 15 PUNKTE

Sie sind recht verschlossen. Sie glauben, dass Sie nicht mehr viel Neues lernen können. Dadurch verschließen Sie sich. Versuchen Sie, ab und zu etwas offener zu sein. Sprechen Sie mit fremden Menschen. Jeder kann dazulernen.

Nehmen Sie sich diese Woche jeden Tag eine der untenstehenden Übungen vor.
Welche haben Sie besonders gut umsetzen können?
Wie könnten Sie dafür sorgen, diese Dinge öfter zu tun?

1. Versuchen Sie, Kontakt zu einer fremden Person aufzunehmen.
2. Gehen Sie in eine Bibliothek. Leihen Sie ein Buch zu einem Thema aus, mit dem Sie sich noch nicht so gut auskennen.
3. Nennen Sie drei Bereiche, in denen Sie sich in den letzten drei Jahren zum Positiven verändert haben.
4. Bei wem trauen Sie sich, über Ihre Gefühle zu sprechen? Sprechen Sie mit demjenigen.
5. Wann haben Sie das letzte Mal etwas zum ersten Mal gemacht? Was möchten Sie noch zum ersten Mal machen?
6. Beginnen Sie Fragen nicht mit „warum", sondern mit „was" oder „wie".
7. Laden Sie jemanden ein, der das nicht erwartet.

Uta (34)

„Wenn eine Tür zufällt, geht eine andere auf."

Kreuzen Sie den Satz an, der am besten zu Ihnen passt:

☐ **Es hat keinen Sinn, sich zu verschließen.** Ich möchte mehr mit anderen reden, ihnen wirklich zuhören. Ich kann noch dazulernen.

☐ Ich möchte die Dinge stärker von allen Seiten betrachten. **Es ist spannend, neue Wege einzuschlagen.** Ich möchte mich überraschen lassen. Meine Tür steht immer offen. Und mein Herz auch.

☐ Ich werde ....

....

....

(Vollenden Sie den Satz. Verwenden Sie dabei das Wort „offen" oder „neu".)

8.
SCHLIESSEN SIE FREUND-SCHAFTEN

Roman (82): „Ich habe viel getrunken. Oft war ich der Letzte in der Kneipe. Dann hat mir ein Kellner aus einer anderen Kneipe die Wahrheit gesagt: Dass sie in meiner Stammkneipe hinter meinem Rücken über mich lachen. Sie waren nur auf mein Geld aus. **Ich habe keine Freunde. Nur Kumpel."**

Juliane (35): „Früher hatte ich viele Freundinnen und Freunde. Nachdem ich geheiratet hatte, hatte ich weniger Zeit für sie. Mittlerweile bin ich geschieden. Eine gute Freundin habe ich noch. **Auf Facebook habe ich Freunde.** Aber sind das echte Freunde?"

In welcher der beiden Aussagen können Sie sich eher wiedererkennen? In Romans oder in Julianes?

Wer sind Ihre Freunde? Wie gehen Sie mit ihnen um?

Wir sind gerne mit anderen Menschen zusammen, um gemeinsam etwas zu machen, um unsere Gefühle zu teilen, um einander helfen zu können oder um Spaß zu haben. **Freunde sind wichtig.** Manche Freunde sieht man nicht so oft und doch können es gute Freunde sein. Manche Menschen trifft man nur, wenn es einem gut geht. Manchmal vergisst man, wie wichtig man selbst für andere sein kann.

Stimmen Sie folgenden Sätzen zu?

Vergeben Sie 3 Punkte, wenn Sie voll zustimmen,
2 Punkte, wenn Sie teilweise zustimmen, und
0 Punkte, wenn Sie überhaupt nicht zustimmen.

1. Ich vertraue anderen Menschen nicht sehr schnell.
2. Ich habe nur wenige Freunde.
3. Ich kann mich nur auf mich selbst verlassen.
4. Freundschaften halten nie lange.
5. Ich unternehme selten etwas mit meinen Freunden.

0 BIS 4 PUNKTE

Ausgezeichnet. Sie haben Freunde und können immer auf jemanden zählen. Und Sie sind auch für sie da, in guten wie in schlechten Zeiten. Weiter so!

5 BIS 9 PUNKTE

Sie wissen, wie wichtig Freundschaften sind, aber Sie finden es manchmal nicht so einfach, diese zu pflegen. Was erwarten Sie von guten Freunden? Wie können Sie selbst jemandem ein guter Freund oder eine gute Freundin sein?

10 BIS 15 PUNKTE

Sie haben schon öfter Pech gehabt mit Freunden. Meistens mussten Sie alles mit sich selbst ausmachen. Vielleicht sind Sie aber auch einfach gerne allein. Und doch ist es schön, ein paar Freunde zu haben. Nennen Sie drei Dinge, die ein guter Freund oder eine gute Freundin Ihrer Meinung nach tun sollte. Tun Sie diese Dinge für andere Menschen. Vielleicht werden sie zu Freunden.

Nehmen Sie sich diese Woche jeden Tag eine der untenstehenden Übungen vor.
Welche haben Sie besonders gut umsetzen können?
Wie könnten Sie dafür sorgen, diese Dinge öfter zu tun?

1. Nennen Sie drei Eigenschaften, die ein guter Freund oder eine gute Freundin haben sollte. Auf welchen Menschen in Ihrem Umfeld treffen sie zu? Sagen Sie dieser Person, wie wichtig sie für Sie ist. (Kennen Sie niemanden, der so ist? Dann suchen Sie jemanden mit mindestens einer dieser Eigenschaften. Gratulieren Sie ihm oder ihr zu dieser Eigenschaft.)

2. Bei welchen Menschen stehen Sie auf der „Liste" der guten Freunde? Bedanken Sie sich bei ihnen dafür. (Fällt Ihnen niemand ein? Wer findet Sie nett? Sagen Sie ihm oder ihr, dass Sie das schön finden.)

3. Unternehmen Sie etwas Angenehmes mit anderen. Ergreifen Sie die Initiative.

4. Seien Sie zu Menschen die Sie gerade kennenlernen, besonders freundlich.

5. Wem täte mehr Aufmerksamkeit von Ihnen gut? Melden Sie sich bei ihm oder ihr.

6. Besuchen Sie einen Jugendfreund oder eine Jugendfreundin. Erzählen Sie sich von früher und von heute.

7. Gibt es Menschen in Ihrer Nähe, die ein Freund oder eine Freundin werden könnten? Schenken Sie ihnen dann mehr Aufmerksamkeit.

Michel (48)

„Echte Freunde sind wie vierblättrige Kleeblätter: Sie sind schwer zu finden, aber sie machen einen glücklich."

Kreuzen Sie den Satz an, der am besten zu Ihnen passt:

☐ Ich versuche, **anderen Menschen mehr Aufmerksamkeit zu schenken.** Ich möchte ihnen zuhören. Wenn ich jemandem helfen kann, tue ich das.

☐ Man kann Freunde nicht „haben". Man kann nur ein **Freund „sein".** Ich versuche, eine gute Freundin/ein guter Freund zu sein.

☐ Ich werde ....

....

....

(Vollenden Sie den Satz. Verwenden Sie dabei das Wort „Freund" oder „Freundin".)

9.
ZEIGEN SIE, WIE SIE SICH FÜHLEN

Florian (34): „Meine Frau weiß, dass ich sie liebe. Warum sollte ich ihr das dann ständig sagen? Selbst auf Beerdigungen traue ich mich nicht zu weinen. **Echte Männer weinen nicht.**"

Marie-Thérèse (64): „Manchmal habe ich Angst vor meinem Mann. Aber ich spreche mit ihm nicht darüber. **Aber mit meiner Freundin kann ich über alles reden,** auch über Gefühle. Wir können dabei zusammen lachen. Dann geht es mir gut."

In welcher der beiden Aussagen können Sie sich eher wiedererkennen? In Florians oder in Marie-Thérèses?

Wie zeigen Sie meistens Ihre Gefühle?

Wir alle sind manchmal traurig, wütend oder ängstlich. Es ist gut, wenn man darüber mit jemandem sprechen kann. Manchmal finden wir für unsere Gefühle keine Worte. Das ist nicht schlimm. Zusammen schweigen zu können ist genauso wichtig. Einander zuzuhören, gemeinsam zu lachen und zu weinen, Zweifel äußern zu dürfen – **ein gutes Gespräch erleichtert uns.**

Stimmen Sie folgenden Sätzen zu?

Vergeben Sie 3 Punkte, wenn Sie voll zustimmen,
2 Punkte, wenn Sie teilweise zustimmen, und
0 Punkte, wenn Sie überhaupt nicht zustimmen.

1. Ich habe Angst davor, dass andere mich auslachen.
2. Es gibt nur wenige Menschen, mit denen ich über mich sprechen kann.
3. Manchmal spiele ich eine bestimmte Rolle. Dann zeige ich nicht, wer ich bin.
4. Ich weine selten oder nie, wenn andere es sehen könnten.
5. Ich finde es schwierig, über Gefühle zu sprechen.

10 BIS 15 PUNKTE

Sie brauchen keine Angst zu haben. Sagen Sie einfach, wie Sie sich fühlen. Froh. Ängstlich. Traurig. Wütend. Hören Sie anderen Menschen gut zu, dann hören sie auch Ihnen zu. Dadurch fühlen Sie sich weniger allein.

5 BIS 9 PUNKTE

Sie wissen, wie wichtig Ihre Gefühle sind. Aber Sie finden nicht immer jemanden, mit dem Sie sie teilen können. Bei wem können Sie Sie selbst sein? Trauen Sie sich, über Ihre Gefühle zu sprechen.

0 BIS 4 PUNKTE

Toll. Sie fühlen sich stark. Sie verstecken Ihre Gefühle nicht. Sie kennen Menschen, mit denen Sie reden können. Und auch sie wissen, dass Sie immer für sie da sind. Behalten Sie das bei.

Nehmen Sie sich diese Woche jeden Tag eine der untenstehenden Übungen vor.
Welche haben Sie besonders gut umsetzen können?
Wie könnten Sie dafür sorgen, diese Dinge öfter zu tun?

1. Schauen Sie sich eine Fernsehsendung an. Achten Sie darauf, wie die Akteure oder Charaktere sich fühlen. Woran erkennen Sie das?

2. Nennen Sie drei Gefühle, die Sie heute hatten: am Vormittag, am Nachmittag und am Abend.

3. Wie haben Sie sich heute überwiegend gefühlt? Beschreiben Sie dieses Gefühl abends mit einem Satz.

4. Fragen Sie heute jemanden, wie er oder sie sich wirklich fühlt. Hören Sie aufmerksam zu.

5. Erzählen Sie heute jemandem, wie Sie sich wirklich fühlen. Nehmen Sie sich Zeit dafür.

6. Sorgen Sie dafür, dass Sie heute mindestens drei positive Gefühle haben.

7. Unternehmen Sie etwas Schönes mit jemandem. Sprechen Sie mit der Person über Ihre Gedanken und Gefühle.

Miriam (49)

„Lachen und weinen. Jeder darf sehen, wie ich mich fühle."

Kreuzen Sie den Satz an, der am besten zu Ihnen passt:

☐ **Ich kann Geheimnisse für mich behalten**. Andere Menschen sollen wissen, dass sie mir alles erzählen können. Ich höre zu.

☐ **Ich fresse nicht alles in mich hinein.** Ich versuche, anderen mitzuteilen, wie ich mich fühle.

☐ Ich werde ....

....

....

(Vollenden Sie den Satz. Verwenden Sie dabei das Wort „Gefühl".)

10.
TREFFEN SIE GUTE ENTSCHEIDUNGEN

Jessy (28): „Ich hätte nicht so früh heiraten sollen, aber ich wollte weg von zu Hause. Jetzt möchte ich ein anderes Leben. **Ich bin oft neidisch auf andere Menschen.** Sie haben weniger Sorgen. Wie machen sie das nur?"

Kevin (32): „Falsche Freunde. Ein teures Auto. Ein Unfall. Ich habe nichts ausgelassen. **Jetzt weiß ich, was wirklich wichtig ist in meinem Leben.** Ich lasse mich nicht mehr zu irgendetwas anstacheln. Die Vergangenheit ist vorbei. Jetzt möchte ich vorwärtskommen. Ich gehe meinen eigenen Weg."

In welcher der beiden Aussagen können Sie sich eher wiedererkennen? In Jessys oder in Kevins?

Welche Entscheidungen müssen Sie treffen? Nennen Sie für jede vier verschiedene mögliche Ausgänge.

Jeder trifft täglich hunderte von Entscheidungen. Manchmal entscheiden wir uns zu schnell. Das bereuen wir dann. Manchmal schieben wir eine Entscheidung zu lange auf. **Es gibt immer mehr Möglichkeiten, als man auf den ersten Blick sieht.** Glückliche Menschen denken gründlich nach. Sie entscheiden sich nicht für den einfachsten oder den kürzesten Weg. Sie denken an die Zukunft.

Stimmen Sie folgenden Sätzen zu?

Vergeben Sie 3 Punkte, wenn Sie voll zustimmen,
2 Punkte, wenn Sie teilweise zustimmen, und
0 Punkte, wenn Sie überhaupt nicht zustimmen.

1. Ich schiebe viele Entscheidungen auf.
2. Wenn ich eine Entscheidung getroffen habe, bereue ich sie hinterher schnell.
3. Ich weiß nicht, was ich will.
4. Ich finde es wichtig, was andere über mich denken.
5. Ich lebe von Tag zu Tag. Ich denke nicht an später.

10 BIS 15 PUNKTE

Das könnte besser sein. Lernen Sie, bessere Entscheidungen zu treffen. Denken Sie nach. Aber nicht zu lange. Schauen Sie auf die Zukunft. Was ist wirklich wichtig in Ihrem Leben? Berücksichtigen Sie das bei jeder Entscheidung, die Sie treffen.

5 BIS 9 PUNKTE

Entscheidungen zu treffen ist manchmal schwierig für Sie. Wie sollen Sie wissen, was die Zukunft bringt? Manchmal gibt es mehr Wege, als Sie meinen. Schauen Sie in alle Richtungen und entscheiden Sie sich dann für den für Sie passenden Weg.

0 BIS 4 PUNKTE

Toll. Sie haben einen guten Kompass. Sie kennen den Weg und lernen aus Ihren Fehlern. Sie wissen, was in Ihrem Leben wichtig ist, und richten sich bei Ihren Entscheidungen danach. Dadurch fühlen Sie sich meistens glücklich.

Nehmen Sie sich diese Woche jeden Tag eine der untenstehenden Übungen vor.
Welche haben Sie besonders gut umsetzen können?
Wie könnten Sie dafür sorgen, diese Dinge öfter zu tun?

1. Zählen Sie einmal, wie viele Entscheidungen Sie heute treffen. Wie häufig ist es die richtige?

2. Wann haben Sie mal eine falsche Entscheidung getroffen? Was haben Sie daraus gelernt?

3. Müssen Sie eine Entscheidung treffen? Malen Sie ein Bild, das Sie auf einer Kreuzung zeigt. Zeichnen Sie alle Wege ein, die Sie wählen könnten. Es sind mehr, als Sie denken.

4. Lachen Sie über die Werbung in der Zeitung oder im Fernsehen. Lassen Sie sich nicht von ihr beeinflussen.

5. Vergleichen Sie sich nicht mit anderen.

6. Nennen Sie zwei Entscheidungen, die Sie getroffen haben, auf die Sie stolz sind.

7. Zählen Sie drei Dinge auf die Sie in Ihrem Leben wirklich wichtig finden. Halten Sie sich diese bei jeder Entscheidung, die Sie treffen, vor Augen.

Souadia (41)

„Wer die Wahl hat, hat die Qual. Man kann nicht alles haben im Leben."

Kreuzen Sie den Satz an, der am besten zu Ihnen passt:

☐ Das Leben besteht nicht nur aus Zufällen. **Ich kann selbst meinen Weg wählen.**

☐ Ich schaue über den Tellerrand. Wenn ich eine Entscheidung treffe, dann nicht nur, weil ich davon kurzfristig einen Vorteil oder dadurch Spaß habe. **Ich denke an später.**

☐ Ich werde ....

....

....

(Vollenden Sie den Satz. Verwenden Sie dabei das Wort „Entscheidung" oder „entscheiden".)

11.
HELFEN SIE ANDEREN

Patrick (48): „Ich finde es erschreckend zu sehen, was die Leute manchmal wegwerfen. Andere Menschen könnten das oft noch gut gebrauchen. Darum arbeite ich in einem Second-Hand-Laden. **Wir können vielen Menschen eine Freude machen.**"

Anny (62): „Mein Vater ist vor fünf Jahren gestorben. Meine Mutter wohnt noch zu Hause. Sie wird dement. Ich sorge für sie. Das ist manchmal sehr schwer. Ich habe so wenig Zeit für mich. **Manchmal denke ich, dass ich immer nur ‚gebe'** und so wenig ‚kriege'."

In welcher der beiden Aussagen können Sie sich eher wiedererkennen? In Patricks oder in Annys?

Wem haben Sie diese Woche geholfen? Wie?

Es ist schön, wenn einem etwas zuteil wird: ein Päckchen oder eine Überraschung. Aber man selbst kann anderen auch viel geben. **Geben macht uns glücklich.** Es gibt viele Arten des Gebens: Hilfe, Zeit, Aufmerksamkeit oder ein Schulterklopfen. Und man kann „danke" sagen für die Unterstützung, die man bekommt.

Stimmen Sie folgenden Sätzen zu?

Vergeben Sie 3 Punkte, wenn Sie voll zustimmen,
2 Punkte, wenn Sie teilweise zustimmen, und
0 Punkte, wenn Sie überhaupt nicht zustimmen.

1. Ich bin meistens freundlich.
2. Ich helfe, wo ich kann.
3. Ich schenke anderen Aufmerksamkeit.
4. Ich schenke anderen Zeit.
5. Ich setze mich für andere ein.

10 BIS 15 PUNKTE

Sie wissen es bereits: Geben macht glücklicher als nehmen. Sie denken nicht nur an sich. Schön. Wem könnten Sie noch helfen? Wie? Vergessen Sie aber nicht, sich ab und an auch Zeit für sich selbst zu nehmen.

5 BIS 9 PUNKTE

Sie sind auf dem richtigen Weg. Sie geben, so viel Sie können. Vielleicht bekommen Sie manchmal wenig zurück? Das tut nichts zur Sache. Halten Sie durch. Wen könnten Sie diese Woche glücklich machen?

0 BIS 4 PUNKTE

Das könnte besser sein. Sie wissen, wie schön es ist, etwas zu bekommen. Was könnten Sie anderen geben? Das muss nicht viel Geld kosten. Etwas, das Sie selbst gemacht haben. Ein Lächeln. Zeit. Geben Sie diese Woche Ihr Bestes.

**Nehmen Sie sich diese Woche jeden Tag eine der unten-
stehenden Übungen vor.**

Welche haben Sie besonders gut umsetzen können?

Wie könnten Sie dafür sorgen, diese Dinge öfter zu tun?

1. Achten Sie darauf, wer Ihnen auf die eine oder andere
   Weise hilft. Bedanken Sie sich dafür.
2. Zählen Sie mit, wie vielen Menschen Sie geholfen haben.
   Wie haben sie darauf reagiert?
3. Wen könnten Sie mit einem kleinen Geschenk überraschen?
4. Schenken Sie jemandem Extra-Zeit.
5. Was können Sie gut? Wie können Sie dadurch jemandem
   helfen?
6. Verschenken Sie etwas.
7. Arbeiten Sie ab und zu ehrenamtlich.

Anton (7)

„Ich habe eine Blume für
meine Mutter gebastelt.
Sie hat sich sehr darüber
gefreut."

Kreuzen Sie den Satz an, der am besten zu Ihnen passt:

- **Was ich habe, versuche ich zu teilen.** Und wenn es ein Keks ist.
- **Ich helfe, wo ich kann.** Es gibt immer jemanden, der meine Hilfe brauchen kann.
- Ich werde ....

  ....

  ....

  (Vollenden Sie den Satz. Verwenden Sie dabei das Wort „helfen" oder „geben".)

12.
BLEIBEN SIE NEUGIERIG

Elsie (19): „Ich wohne an einem öden Ort. Hier gibt es nichts zu erleben. **Ich langweile mich oft.** Auf Facebook sehe ich, dass alle meine Freundinnen schöne Sachen machen."

Benjamin (19): „Musik ist mein Leben. Ich bin Schlagzeuger. Wir proben in einer Garage. Ich mag es, mit anderen Musik zu machen. **Jede und jeder hat ein besonderes Talent.**"

**In welcher der beiden Aussagen können
Sie sich eher wiedererkennen?
In Elsies oder in Benjamins?**

**Nennen Sie drei alltägliche Dinge,
die Sie „schön" finden.**

In die Wolken schauen. Die Natur genießen. Wahrnehmen, wie schön manche Dinge sind. Sich überraschen lassen. Zeichnen. Malen. Tanzen. Musik machen. Schreiben. Einen Ausflug machen. Etwas sammeln. **Neugierig wie ein Kind auf die Welt schauen.** Still genießen. All diese Dinge kosten wenig Geld. Sie machen uns glücklich. Wie viel Zeit nehmen Sie sich dafür?

Stimmen Sie den folgenden Sätzen zu?

Vergeben Sie 3 Punkte, wenn Sie voll zustimmen,
2 Punkte, wenn Sie teilweise zustimmen, und
0 Punkte, wenn Sie überhaupt nicht zustimmen.

1. Ich überrasche andere gerne.
2. Ich mag die Natur.
3. Ich mache gerne kreative Dinge (basteln, zeichnen schreiben, tanzen, Musik …).
4. Ich kann mich an kleinen Dingen erfreuen.
5. Ich probiere manchmal etwas Ungewöhnliches aus, das nicht jeder macht.

10 BIS 15 PUNKTE

Toll. Sie erleben oft etwas, was Sie lohnenswert finden, und genießen das, was Sie schön finden. Sie versuchen, sich „neue" Dinge zu überlegen oder zu tun. Welche Herausforderung möchten Sie gerne noch angehen?

5 BIS 9 PUNKTE

Sie sind auf einem guten Weg. Halten Sie in der Natur nach Dingen Ausschau, die Sie schön finden. Probieren Sie neue Sachen aus. Suchen Sie nach Wegen, Ihre Gefühle auszudrücken. Vielleicht gibt es jemanden, mit dem Sie das gemeinsam tun könnten.

0 BIS 4 PUNKTE

Sie könnten in Ihrem Leben etwas mehr Farbe gebrauchen. Sorgen Sie dafür, dass es spannender wird. Was finden Sie schön? Welche Ideen haben Sie? Welche würden Sie gerne umsetzen?

**Nehmen Sie sich diese Woche jeden Tag eine der unten-
stehenden Übungen vor.**
Welche haben Sie besonders gut umsetzen können?
Wie könnten Sie dafür sorgen, diese Dinge öfter zu tun?

1. Finden Sie drei Dinge, die Sie schön finden.
2. Nehmen Sie sich Zeit, etwas „Schönes" zu genießen. Was
   könnte das sein?
3. Besuchen Sie ein Museum, eine Ausstellung,
   eine Vorstellung, ein Konzert.
4. Machen Sie einen Spaziergang in der Natur.
5. Welche Musik hören Sie gerne? Genießen Sie sie.
6. Was würden Sie gerne sammeln? Beginnen Sie mit einer
   Sammlung.
7. Welches Talent haben Sie? Machen Sie etwas damit.

Rieke (48)

„Sitzen und schauen. Das ist das Schönste, was es gibt."

Kreuzen Sie den Satz an, der am besten zu Ihnen passt:

☐ Der Tag vergeht so schnell. Und doch **möchte ich mir die Zeit nehmen, ab und an etwas zu tun, was ich schön finde.**

☐ Es geht mir gut, wenn ich mich **bei etwas Kreativem ausleben** kann. Dafür nehme ich mir mehr Zeit.

☐ Ich werde ....

....

....

(Vollenden Sie den Satz. Verwenden Sie dabei das Wort „schauen" oder „schön".)

13.
BEDANKEN SIE SICH

Lisa (54): „Ich habe mein ganzes Leben hart gearbeitet. Viel Geld habe ich nicht verdient. Aber ich war zufrieden. Mein letzter Chef hat mich einfach rausgeworfen. Zu alt. **Und kein Wort des Danks!"**

Adnan (37): „Ich habe mit meinen Kindern unter der Brücke und im Bahnhof geschlafen. Harte Zeiten. Aber ich bin froh, dass wir sie überlebt haben. Mittlerweile wohnen wir in einem Haus. **Ich bin sehr dankbar für alles."**

**In welcher der beiden Aussagen können
Sie sich eher wiedererkennen?
In Lisas oder in Adnans?**

Für wen oder was sind Sie dankbar?

Wasser. Brot. Ein Bett. Ein Badezimmer. Ein Dach über dem Kopf. Luft zum Atmen. Unser Leben. Nichts ist selbstverständlich. Wir können uns immer über das beschweren, was wir nicht haben. Aber können wir auch glücklich sein mit dem, was wir haben? **Dankbar sein für das Leben an sich.** Und ab und an „danke" sagen. Leise oder laut.

Stimmen Sie folgenden Sätzen zu?

Vergeben Sie 3 Punkte, wenn Sie voll zustimmen,

2 Punkte, wenn Sie teilweise zustimmen, und

0 Punkte, wenn Sie überhaupt nicht zustimmen.

1. Ich brauche nicht viel, um glücklich zu sein.
2. Ich sage oft „danke" zu anderen Menschen.
3. Ich kann mich über kleine Dinge freuen.
4. Ich bin froh, dass ich lebe.
5. Es gibt mehr Positives als Negatives in meinem Leben.

10 BIS 15 PUNKTE

Toll. Sie haben eine positive Lebenseinstellung. Sie wissen, dass das Glück in den kleinen Dingen liegt. Sie können sie genießen und das gibt Ihnen Energie. Diese Energie geben Sie auch an andere weiter.

5 BIS 9 PUNKTE

Nicht jeder Tag ist ein Fest. Das wissen Sie sehr gut. Und doch können Sie lernen, auch die kleinen positiven Dinge zu sehen, denn es gibt sie. Beschäftigen Sie sich mit ihnen. Sagen Sie ab und an „danke". Sprechen Sie mit anderen über das, was gut läuft.

0 BIS 4 PUNKTE

Sie haben es schwer. Sie können nicht alles verändern. Aber Sie entscheiden, auf welche Weise Sie die Welt betrachten. Es gibt auch Positives. Lernen Sie, dies wieder wahrzunehmen. Suchen Sie die Nähe von positiven Menschen.

Nehmen Sie sich diese Woche jeden Tag eine der unten-stehenden Übungen vor.
Welche haben Sie besonders gut umsetzen können?
Wie könnten Sie dafür sorgen, diese Dinge öfter zu tun?

1. Beschäftigen Sie sich heute mit drei positiven Dingen in Ihrem Leben.
2. Zählen Sie fünf Dinge in Ihrem Leben auf, für die Sie dankbar sind.
3. Machen Sie heute zehn Striche, immer einen für jeden Moment, in dem Sie sich gut fühlen.
4. Sagen Sie „danke" zu so vielen Menschen wie möglich.
5. Wer sagt zu Ihnen „danke"? Achten Sie darauf.
6. Für welchen Menschen in Ihrem Leben sind Sie wirklich dankbar? Sagen Sie es ihm oder ihr.
7. Gehen Sie vor dem Einschlafen die schönen Dinge des vergangenen Tages durch.

Max (23)

„Ich bin sehr dankbar für den guten Rat meines Vaters. Es wird Zeit, dass ich ihm das sage."

Kreuzen Sie den Satz an, der am besten zu Ihnen passt:

☐ **Es ist einfach, sich zu beschweren.** Über das Wetter. Über Rückschläge. Aber es gibt auch sehr viele positive Dinge. Auf sie will ich achten.

☐ **Ich versuche, jeden Tag dankbar zu sein für das, was ich habe,** anstatt auf das zu schauen, was ich nicht habe. So komme ich voran.

☐ Ich werde ....

....

(Vollenden Sie den Satz. Verwenden Sie dabei das Wort „Dank" oder „froh".)

14.
SETZEN SIE SICH ZIELE

Ken (20): „Alles, was ich mache, misslingt. Ich habe keinen Schulabschluss. **Ich wollte ein großer Fußballer werden.** Aber das klappt nicht. Meine Beziehungen halten nie lange. Ich arbeite als Aushilfe. Gerade habe ich meinen Führerschein gemacht. Endlich. Vielleicht ist das ein neuer Start."

Anna (28): „Ich bin mit Stephan verheiratet. Ich wollte immer eine große Familie haben. Wir haben schon zwei Kinder. **Ich hätte gerne noch zwei.** Aber Stephan zweifelt. Das Haus, das wir gemietet haben, würde dann zu klein werden. Ein größeres Haus können wir uns aber nicht leisten. Vielleicht sollte ich Tagesmutter werden?"

In welcher der beiden Aussagen können Sie sich eher wiedererkennen? In Kens oder in Annas?

Was möchten Sie in Ihrem Leben noch erreichen?

Wir alle haben kleine und große Träume. Fußballer werden. Eine gute Beziehung haben. Einen tollen Job finden. Kinder. Ein Haus. Urlaub. Eine fremde Sprache lernen. Abnehmen. Viele Freunde haben. Zeit für ein Hobby haben. **Wer sich selbst Ziele setzt, kann glücklicher werden.** Ein Ziel kann man in kleine Schritte unterteilen.

Stimmen Sie folgenden Sätzen zu?

Vergeben Sie 3 Punkte, wenn Sie voll zustimmen,
2 Punkte, wenn Sie teilweise zustimmen, und
0 Punkte, wenn Sie überhaupt nicht zustimmen.

1. Wenn ich etwas anfange, bringe ich es auch zu Ende.
2. Ich lerne gerne neue Dinge.
3. Ich habe einige klare Ziele.
4. Ich kann Ziele Schritt für Schritt erreichen.
5. Ich traue mich, andere um Hilfe zu bitten.

10 BIS 15 PUNKTE

Toll. Sie haben Ihr Leben in der Hand und wissen, wie Sie voran-kommen können. Sie lernen jeden Tag etwas dazu. Sie träu-men von einer guten Zukunft und wissen, was Sie tun müssen, um den Traum zu realisieren. Schreiben Sie Ihre Pläne auf. Dann werden sie noch konkreter.

5 BIS 9 PUNKTE

Manchmal vergessen Sie, aus Ihren Fehlern zu lernen. Was könnten Sie beim nächsten Mal anders oder besser machen? Geben Sie leicht auf? Kennen Sie Ihr Ziel? Welche kleineren Schritte können Sie machen, um es zu erreichen?

0 BIS 4 PUNKTE

Sie haben das Gefühl, dass Ihnen alles misslingt. Es gibt auch gute Dinge. Haben Sie sie schon gesehen? Was können Sie gut? Was möchten Sie wirklich erreichen und was können Sie dafür konkret tun? Wer könnte Ihnen dabei helfen?

**Nehmen Sie sich diese Woche jeden Tag eine der unten-
stehenden Übungen vor.**
Welche haben Sie besonders gut umsetzen können?
Wie könnten Sie dafür sorgen, diese Dinge öfter zu tun?

1. Schauen Sie auf Ihre Kindheit zurück. Nennen Sie drei
   gute Eigenschaften, die Sie damals hatten.
2. Beenden Sie diesen Satz: „Ich wäre sehr glücklich,
   wenn …"
3. Zeichnen Sie eine Treppe. Notieren Sie oben über der
   Treppe ein Ziel, das Sie für Ihr Leben haben. Welche
   Schritte könnten Sie unternehmen, um ganz nach
   oben zu gelangen? Schreiben Sie auf jede Treppen-
   stufe einen der Schritte.
4. Nennen Sie drei gute Dinge, die Sie aus Ihren Fehlern
   gelernt haben.
5. Schreiben Sie drei Ihrer starken Eigenschaften auf.
   Was könnten Sie damit machen?
6. Sagen Sie nicht „ich muss", sondern „ich will".
7. Halten Sie Augen und Ohren offen. Versuchen Sie, jeden
   Tag etwas Neues zu lernen.

Diana (53)

„Ich habe eine Krebserkrankung
überlebt. Nun weiß ich, was in
meinem Leben wirklich wichtig ist.
Danach richte ich mich."

Kreuzen Sie den Satz an, der am besten zu Ihnen passt:

- Manchmal hat man Pech. **Aber ich weiß, was ich will in meinem Leben.** Schritt für Schritt werde ich dahinkommen.
- Ich kenne meine Stärken und meine Schwächen. **Ich lerne dazu. Ich wachse.** Ich habe einige Ziele in meinem Leben. Die möchte ich erreichen.
- Ich werde . . . .

. . . .

. . . .

(Vollenden Sie den Satz. Verwenden Sie dabei das Wort „Ziel".)

15.
BLEIBEN SIE FREUNDLICH

Jessica (28): „Die Menschen werden immer unverschämter. **Es ist schwierig, selbst freundlich zu bleiben.** Wenn man ihnen einen guten Tag wünscht, lachen sie einen aus. Auf der Straße schaue ich jetzt immer stur geradeaus."

Ivan (52): „Manche Menschen erschrecken sich, wenn man freundlich ist. Aber ich bleibe es trotzdem. Dann merkt man nämlich, wie einsam viele Menschen sind. **Sie halten gerne ein Schwätzchen."**

**In welcher der beiden Aussagen können
Sie sich eher wiedererkennen?
In Jessicas oder in Ivans?**

**Haben Sie heute etwas „Freundliches" gemacht?
Was war das?**

Zählen Sie fünf Menschen auf, die Sie kennen. Wer davon ist Ihrer Meinung nach glücklich? Beachten Sie: **Glückliche Menschen sind meistens auch freundliche Menschen.** Sie grüßen. Sie helfen. Sie beschweren sich nicht. Sie fragen, wie es Ihnen geht. Sie verletzen andere Menschen nicht. Sie tun anderen etwas Gutes. Meistens möchten sie dafür keine Gegenleistung. Ein Lächeln kostet nichts.

Stimmen Sie folgenden Sätzen zu?

Vergeben Sie 3 Punkte, wenn Sie voll zustimmen,
2 Punkte, wenn Sie teilweise zustimmen, und
0 Punkte, wenn Sie überhaupt nicht zustimmen.

1. Ich grüße andere Menschen.
2. Ich lächle oft.
3. Ich frage andere Menschen häufig, wie es ihnen geht.
4. Ich beschwere mich selten.
5. Ich tratsche nicht.

10 BIS 15 PUNKTE

Sie sind wirklich ein freundlicher Mensch. Sie sprechen gerne mit anderen und haben eine positive Ausstrahlung. Das macht andere Menschen auch froh. Gratuliere!

5 BIS 9 PUNKTE

Es fällt Ihnen nicht leicht, immer freundlich zu sein. Aber Sie geben Ihr Bestes. Sie wollen nicht zu den Nörglern, Klatschmäulern und Miesepetern gehören. Bleiben Sie so!

0 BIS 4 PUNKTE

Sie tun sich schwer mit anderen Menschen. Versuchen Sie doch einmal, freundlich zu ihnen zu sein. Wie man in den Wald hineinruft, so schallt es heraus, auch wenn dies manchmal ein bisschen dauert.

Nehmen Sie sich diese Woche jeden Tag eine der untenstehenden Übungen vor.
Welche haben Sie besonders gut umsetzen können?
Wie könnten Sie dafür sorgen, diese Dinge öfter zu tun?

1. Grüßen Sie andere Menschen.
2. Welche freundlichen Menschen kennen Sie? Besuchen Sie sie häufiger.
3. Lächeln Sie, sooft Sie können.
4. Bedanken Sie sich bei freundlichen Menschen.
5. Zählen Sie einen Tag lang alle Ihre freundlichen Taten. Wie viele waren es? Was könnten Sie darüber hinaus noch tun?
6. Sind Sie im Begriff, sich zu ärgern? Halten Sie sich zurück. Reagieren Sie freundlich.
7. Schicken Sie eine freundliche Nachricht an jemanden, den Sie unterstützen möchten.

Zahra (19)

„Ich bin Verkäuferin. Da muss man freundlich sein. Aber nach der Arbeit bin ich genauso freundlich."

Kreuzen Sie den Satz an, der am besten zu Ihnen passt:

▢ **Es ist leicht, sich ständig zu beschweren.** Ich möchte gerne freundlich zu anderen sein.

▢ Viele Menschen verstecken sich. Das möchte ich nicht. **Ich helfe, wo ich kann.**

▢ Ich werde . . . .

. . . .

. . . .

(Vollenden Sie den Satz. Verwenden Sie dabei das Wort „freundlich".)

16.
BLEIBEN SIE GEDULDIG

Robert (42): **„Ich kann mich im Straßenverkehr extrem aufregen.** Warum fahren manche Leute stur auf der linken Spur? Und wenn ich nach Hause komme, quengeln die Kinder. Dann gönne ich mir rasch ein Bier."

Susanne (34): „Ich weiß nicht, was ich als Erstes erledigen soll. Es gibt immer so viel zu tun. Und doch versuche ich, ab und an einfach nichts zu machen und mir Zeit für mich zu nehmen. **Morgen ist auch noch ein Tag."**

**In welcher der beiden Aussagen können
Sie sich eher wiedererkennen?
In Roberts oder in Susannes?**

**In welchen Situationen möchten Sie
(noch) geduldiger sein?**

Manche Menschen sehen etwas und wollen es sofort haben: eine Tafel Schokolade, ein neues Handy oder einen Computer. Dadurch machen sie oft Schulden. Manche Menschen regen sich schnell auf, sie meinen, dass alles sofort passieren muss. Sie können nicht warten. **Sie nehmen sich zu wenig Zeit zum Nachdenken.** Dadurch verlieren sie die Kontrolle über sich. Das macht sie nicht glücklich.

Stimmen Sie folgenden Sätzen zu?

Vergeben Sie 3 Punkte, wenn Sie voll zustimmen,
2 Punkte, wenn Sie teilweise zustimmen, und
0 Punkte, wenn Sie überhaupt nicht zustimmen.

1. Wenn ich etwas möchte, dann will ich es sofort haben.
2. Eine Diät halte ich nicht durch.
3. Ich möchte sofort Ergebnisse sehen.
4. Ich rege mich schnell auf.
5. Ich bin ziemlich unvorsichtig.

10 BIS 15 PUNKTE

Sie sind ungeduldig. Was Ihnen durch den Kopf geht, muss sofort umgesetzt werden. Sie reagieren schnell gereizt. Das macht Sie fortwährend unzufrieden. Suchen Sie nach Wegen, Ihr Leben ruhiger zu gestalten. Erwarten Sie nicht sofort Ergebnisse.

5 BIS 9 PUNKTE

Sie lassen sich schnell verleiten und wechseln rasch Ihre Meinung. Das macht Sie unruhig. Versuchen Sie, sich besser zu kontrollieren. Nehmen Sie sich Zeit. Machen Sie langsam.

0 BIS 4 PUNKTE

Prima. Sie haben sich im Griff. Sie können abwarten und vertrauen. Sie strahlen Ruhe und Sicherheit aus. So bleiben Sie glücklich.

Nehmen Sie sich diese Woche jeden Tag eine der untenstehenden Übungen vor.

Welche haben Sie besonders gut umsetzen können?

Wie könnten Sie dafür sorgen, diese Dinge öfter zu tun?

1. Zählen Sie langsam bis zehn, bevor Sie etwas tun oder entscheiden.
2. Gehen Sie Dinge ruhiger und vorsichtiger an. Auch im Straßenverkehr.
3. Erlangen Sie Kontrolle über Ihren Körper. Probieren Sie es mal mit Yoga, Tai-Chi, Judo oder Turnen.
4. Sprechen Sie leiser, langsamer und ruhiger. Schreien Sie nicht.
5. Genießen Sie heute irgendwo fünf Minuten lang Stille.
6. Zögern Sie kleinere Entscheidungen (z. B., ob Sie eine Zigarette rauchen, etwas Süßes essen oder etwas kaufen sollen) einen Moment lang hinaus.
7. Regen Sie sich nicht auf. Schauen Sie auf das, was andere Menschen gut machen.

Micha (32)

„Manchmal schlage ich mir selbst kurz auf die Finger. Das hilft."

Kreuzen Sie den Satz an, der am besten zu Ihnen passt:

▢ **Ich lasse mich nicht hetzen.** Manche Dinge brauchen eben ein wenig Zeit. Ich entscheide mich für mehr Ruhe in meinem Leben.

▢ Ich versuche das Wort „müssen" aus meinem Wortschatz zu streichen. Ich ersetze es durch „wollen" Was muss ich wirklich? Und was will ich?

▢ Ich werde . . . .

. . . .

. . . .

(Vollenden Sie den Satz. Verwenden Sie dabei das Wort „Ruhe" oder „Zeit".)

17.
BLEIBEN SIE ENTHUSIASTISCH

Jens (21): „Ich bin schon seit zwei Jahren arbeitslos. Zu Mädchen habe ich kein Vertrauen mehr. Ich bin oft müde. Ich langweile mich. Dann spiele ich bis tief in die Nacht Computerspiele. **Ich habe zu nichts Lust."**

Vera (56): „Die Kinder sind aus dem Haus. Sie haben gute Jobs bekommen. Ich glaube, dass sie auch gute Beziehungen haben. **Ich ermutige sie immer.** Morgen ist wieder ein neuer Tag!"

**In welcher der beiden Aussagen können
Sie sich eher wiedererkennen?
In Jens´ oder in Veras?**

Was gibt Ihnen Energie?

Manche Getränke versprechen Ihnen, Ihnen Energie zu geben. Aber die geht schnell wieder weg. Echter Enthusiasmus kommt von innen. Er ist wie ein Feuer, das in einem brennt. Es macht Lust darauf, zu leben. Heute. Morgen. Übermorgen. Glücklichen Menschen gelingt es, das Feuer immer wieder anzufachen, auch wenn manchmal etwas schiefläuft.

Stimmen Sie folgenden Sätzen zu?

Vergeben Sie 3 Punkte, wenn Sie voll zustimmen,
2 Punkte, wenn Sie teilweise zustimmen, und
0 Punkte, wenn Sie überhaupt nicht zustimmen.

1. Ich ermutige andere Menschen oft.
2. Ich mag das Leben.
3. Ich schmiede ständig neue Pläne.
4. Ich sage oft „ja".
5. Ich freue mich auf morgen.

10 BIS 15 PUNKTE

Sie sind enthusiastisch. Andere Menschen nennen Sie ein Energiebündel und freuen sich, wenn sie Sie sehen. Sie empfinden Leidenschaft und das bemerken auch die anderen. Dadurch sind Sie glücklich. Sorgen Sie dafür, dass Ihr Feuer weiterbrennt.

5 BIS 9 PUNKTE

Sie spüren Lebenslust, aber nicht jeden Tag. Und doch versuchen Sie, positiv zu bleiben. Was gibt Ihnen Energie? Spüren Sie sie jeden Tag auf und benutzen Sie sie.

0 BIS 4 PUNKTE

Sie klagen viel und haben wenig Energie. Sie warten ab. Was gibt Ihnen Energie? Suchen Sie die Quelle Ihrer Energie und benutzen Sie sie. Suchen Sie die Gesellschaft positiver Menschen und tun Sie Dinge, die Sie gerne machen. Gehen Sie Schritt für Schritt vorwärts.

Nehmen Sie sich diese Woche jeden Tag eine der untenstehenden Übungen vor.

Welche haben Sie besonders gut umsetzen können?

Wie könnten Sie dafür sorgen, diese Dinge öfter zu tun?

1. Sagen Sie einige Male „ja" anstelle von „nein".
2. Denken Sie abends an etwas Positives für den nächsten Tag.
3. Was hat Ihnen als Kind Energie gegeben? Wie könnten Sie diese Kraft neu beleben?
4. Treiben Sie Sport. Bewegen Sie sich.
5. Was schieben Sie gerade auf? Fangen Sie jetzt damit an.
6. Wer könnte Sie zusätzlich ermutigen?
7. Überlegen Sie sich einen Plan. Wie werden Sie ihn umsetzen?

Dominik (19)

„Skaten gibt mir Energie. Jedes Hindernis ist ein Sprungbrett für mich!"

Kreuzen Sie den Satz an, der am besten zu Ihnen passt:

☐ Ich kann **andere Menschen ermutigen.** Und auch mich selbst.

☐ Ich kenne die Quelle meines inneren Feuers. **Ich werde meinen Enthusiasmus nicht so schnell verlieren.**

☐ Ich werde ....

....

....

(Vollenden Sie den Satz. Verwenden Sie dabei das Wort „Energie" oder „Enthusiasmus".)

18.
BLEIBEN SIE MUTIG

Carla (34): „Durch meine Krankheit mache ich jeden Tag Rück-schritte. Ich weiß das. Das, was ich heute noch kann, kann ich morgen schon nicht mehr. **Aber ich bin trotzdem jeden Tag froh über das, was ich noch kann.** Ich verliere nicht den Mut."

John (42): „Ich hätte nie gedacht, dass ich mal allein wohnen würde. Meine Frau hat mich verlassen. Ich sehe meine Kinder kaum. Aufgrund meiner Rückenschmerzen kann ich nur noch halbtags arbeiten. **Ich weiß nicht, ob ich dieses Leben weiter aushalte."**

In welcher der beiden Aussagen können Sie sich eher wiedererkennen? In Carlas oder in Johns?

Wann waren Sie in Ihrem Leben schon mal sehr mutig?

Jeder kennt Rückschläge, kleinere und größere. Wer den Mut nicht verliert, findet schließlich doch immer eine Lösung. Mut ist eine Kraft, die von innen kommt. **Mutige Menschen sind ehrlich.** Sie wissen, wer sie sind und was sie wollen. Sie sind nicht ängstlich. Sie nehmen Rücksicht auf andere Menschen. Schritt für Schritt gelangen sie ans Ziel.

Stimmen Sie folgenden Sätzen zu?

Vergeben Sie 3 Punkte, wenn Sie voll zustimmen,

2 Punkte, wenn Sie teilweise zustimmen, und

0 Punkte, wenn Sie überhaupt nicht zustimmen.

1. Wenn ich etwas anfange, bringe ich es auch zu Ende.
2. Was ich sage, mache ich.
3. Ich finde meistens eine Lösung.
4. Wenn etwas schiefläuft, verliere ich nicht den Mut.
5. Ich kann mich durchsetzen.

10 BIS 15 PUNKTE

Sie sind tapfer. Das haben Sie in Ihrem Leben schon öfter bewiesen. Anderen Menschen fällt das auch auf. Ihr Vorbild macht ihnen Mut. Bleiben Sie so.

5 BIS 9 PUNKTE

Sie wissen, dass man den Mut nicht verlieren darf. Aber das Leben macht es einem nicht immer leicht. Halten Sie durch und machen Sie kleine Schritte in die richtige Richtung.

0 BIS 4 PUNKTE

Manchmal läuft es nicht so gut in Ihrem Leben. Dann zweifeln Sie und Ihr Mut schwindet. Und doch gibt es immer ein Licht am Ende des Tunnels. Suchen Sie jemanden, der Sie unterstützen kann.

Nehmen Sie sich diese Woche jeden Tag eine der untenstehenden Übungen vor.
Welche haben Sie besonders gut umsetzen können?
Wie könnten Sie dafür sorgen, diese Dinge öfter zu tun?

1. Welchen Held oder welche Heldin aus einem Film oder einer Serie bewundern Sie? Überlegen Sie sich eine Eigenschaft von ihm oder ihr, die Sie teilen. Und wenn auch nur ein kleines bisschen.

2. Wen bewundern Sie im echten Leben? Welche guten Eigenschaften hat diese Person? Können Sie auch ein wenig so werden?

3. Wobei haben Sie je aufgegeben? Würden Sie es noch mal versuchen? Dann tun Sie es!

4. Sagen Sie nicht: „Ich werde es probieren." Sagen Sie: „Ich werde es tun."

5. Was fiel Ihnen früher schwer und heute leicht? Was haben Sie daraus gelernt?

6. Wann haben Sie ein schwieriges Problem doch noch gelöst? Wie haben Sie das gemacht? Wobei könnten Sie das wieder anwenden?

7. Schreiben Sie heute Abend auf, worauf Sie stolz sind.

Jonas (36)

„Nach meinem Unfall dachte ich, dass ich nie wieder laufen können werde. Aber es ist mir doch gelungen!"

Kreuzen Sie den Satz an, der am besten zu Ihnen passt:

- Ich bin froh über all das, was ich kann. **Und ich versuche jeden Tag, noch ein bisschen besser zu werden.**
- **Ich verliere nicht den Mut.** Es gibt immer einen Ausweg.
- Ich werde ....

....

....

(Vollenden Sie den Satz. Verwenden Sie dabei das Wort „durchsetzen" oder „Mut".)

19.
LERNEN SIE JEDEN TAG ETWAS DAZU

Timmy (19): „Ich bin nie gerne zur Schule gegangen. **Lernen ist nichts für mich.** Ich kann an meinem Leben nicht viel ändern. Das steht fest."

Daniela (32): „Ich habe mein Studium abgebrochen. Nun habe ich eine Ausbildung zur Altenpflegerin gemacht. **Ich lerne jeden Tag etwas dazu.** Super! Man ist nie zu alt, um etwas zu lernen."

In welcher der beiden Aussagen können Sie sich eher wiedererkennen? In Timmys oder in Danielas?

Nennen Sie etwas, was Sie im vergangenen Monat gelernt haben.

Manche Menschen meinen, dass sie alles wissen. Oder nichts. Sie denken, dass man sich nicht verändert. Das macht nicht glücklich. **Glückliche Menschen lernen jeden Tag etwas dazu.** Sie probieren aus. Sie lernen aus ihren Fehlern. Probleme? Dann suchen sie nach neuen Wegen, bis sie eine Lösung finden. Sie glauben an sich selbst. Man lernt nicht nur in der Schule. Man lernt überall.

Stimmen Sie folgenden Sätzen zu?

Vergeben Sie 3 Punkte, wenn Sie voll zustimmen,
2 Punkte, wenn Sie teilweise zustimmen, und
0 Punkte, wenn Sie überhaupt nicht zustimmen.

1. Ich kann nicht viel.
2. Ich mache ständig Fehler.
3. Die meisten Dinge kann man nicht ändern.
4. Ich habe Angst vor Neuem.
5. Das Internet benutze ich vor allem zur Entspannung.

10 BIS 15 PUNKTE

Sie lassen sich manchmal entmutigen. Sie flüchten ein wenig vor der Zukunft. Nehmen Sie Ihr Leben wieder in die Hand. Sie können Dinge verändern. Lernen Sie aus Ihren Fehlern. Glauben Sie an sich. Lernen kann man auf viele verschiedene Arten und Weisen.

5 BIS 9 PUNKTE

Manchmal zweifeln Sie an sich. Das ist gut. Aber Sie wissen auch, dass Sie aus Ihren Fehlern lernen können und dass sich jeder Mensch verändert. Wie können Sie noch mehr dazulernen?

0 BIS 4 PUNKTE

Schön. Sie sind ein positiver Mensch und glauben an sich. Sie gehen Problemen nicht aus dem Weg und wollen dazulernen. Sie finden Lösungen. So kommen Sie weiter. Wen könnten Sie ermutigen, auch so zu leben?

Nehmen Sie sich diese Woche jeden Tag eine der untenstehenden Übungen vor.

Welche haben Sie besonders gut umsetzen können?

Wie könnten Sie dafür sorgen, diese Dinge öfter zu tun?

1. Nennen Sie einen Fehler, den Sie gemacht haben.
   Was haben Sie daraus gelernt?
2. Nennen Sie etwas, was Sie sehr gut können.
   Wofür könnten Sie diese Fähigkeit noch einsetzen?
3. Benutzen Sie das Internet zum Lernen.
   Was interessiert Sie?
4. Lesen Sie ein Buch.
5. Von wem könnten Sie noch etwas lernen? Was?
   Suchen Sie diese Person auf.
6. Fassen Sie abends für sich zusammen, was Sie im Laufe des
   Tages dazugelernt haben.
7. Was würden Sie gerne noch lernen?
   Wie gehen Sie das an?

Victor (72)

„Wer nichts tut, kann auch keine Fehler machen. Man lernt vor allem aus seinen Fehlern!"

Kreuzen Sie den Satz an, der am besten zu Ihnen passt:

☐ Ich möchte stärker an mich glauben. **Ich kann mehr, als ich denke.**

☐ **Ich finde es schön, Neues zu lernen.** Nächstes Jahr weiß ich dann schon mehr als dieses.

☐ Ich werde ....

....

....

(Vollenden Sie den Satz. Verwenden Sie dabei das Wort „lernen".)

20.
FINDEN SIE IHREN EIGENEN WEG

Es gibt nicht den einen Weg zum Glücklichsein. Es gibt viele Wege zum Glück. Jeder sucht und geht seinen eigenen Weg.

In diesem Buch finden sich die Geschichten von vielen Menschen. Sie haben beim Lesen gemerkt, dass jeder anders ist. Und jeder Mensch verändert sich.

Hier kommen die 20 Wege zum Glück noch einmal:

Kreuzen Sie mit einem + an, was Sie schon gut machen.

Markieren Sie mit einem !, was Sie besser machen möchten.

Schreiben Sie auch dazu, wie Sie das machen wollen.

So finden Sie Ihren eigenen Weg.

Haben Sie keine Angst.

Sehen Sie der Zukunft positiv entgegen.

Halten Sie Ihren Körper gesund.

Respektieren Sie sich selbst.

Hören Sie aufmerksam zu.

Lachen Sie.

Öffnen Sie sich.

Schließen Sie Freundschaften.

- **Zeigen Sie, wie Sie sich fühlen.**
- **Treffen Sie gute Entscheidungen.**
- **Helfen Sie anderen.**
- **Bleiben Sie neugierig.**
- **Bedanken Sie sich.**
- **Setzen Sie sich Ziele.**
- **Bleiben Sie freundlich.**
- **Bleiben Sie geduldig.**
- **Bleiben Sie enthusiastisch.**
- **Bleiben Sie mutig.**
- **Lernen Sie jeden Tag etwas dazu.**
- **Finden Sie Ihren eigenen Weg.**

Dies ist mein Weg, glücklicher zu werden. Wählen Sie die fünf Wege, die für Sie am wichtigsten sind:

1. ....
2. ....
3. ....
4. ....
5. ....

Und das möchte ich auch noch machen:

- ....
- ....
- ....

Viel Glück!

Lesen Sie mehr über Glück

Glück
The World Book of Happiness
Leo Bormans (Hg.)
Broschur, 350 Seiten
978-3-8321-6222-1

Glück für Kinder
Leo Bormans
Gebunden, 64 Seiten
978-3-8321-9901-2

Glück
The World Box of Happiness
Leo Bormans (Hg.)
52 Karten
978-3-8321-9404-8